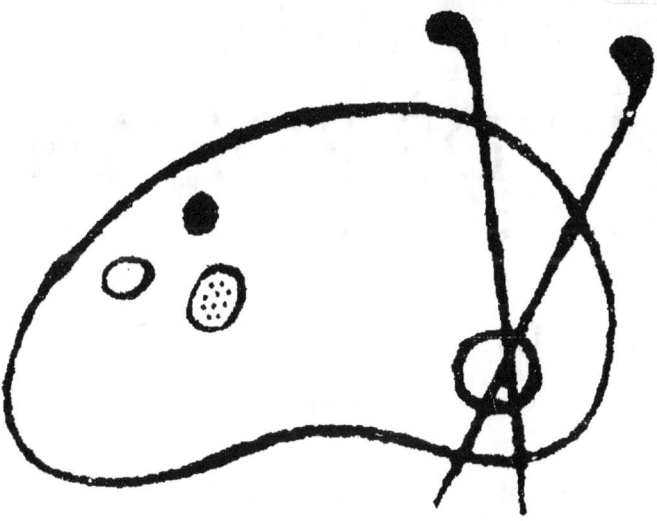

Début d'une série de documents en couleur

LETTRE EN VERS

SVR LES MARIAGES

DE Mlle DE ROHAN

AVEC M. DE CHABOT

DE Mlle DE RAMBOVILLET

AVEC M. DE MONTAVSIER

ET DE Mlle DE BRISSAC

AVEC SABATIER

1645

A PARIS
CHEZ AUGUSTE AUBRY,
LIBRAIRES DE LA SOCIETÉ DES BIBLIOPHILES FRANÇOIS
RUE DAUPHINE, N. 16

M.D.CCCLXII

Paris. — Imprimé chez Bonaventure et Ducessois.
55, quai des Grands-Augustins.

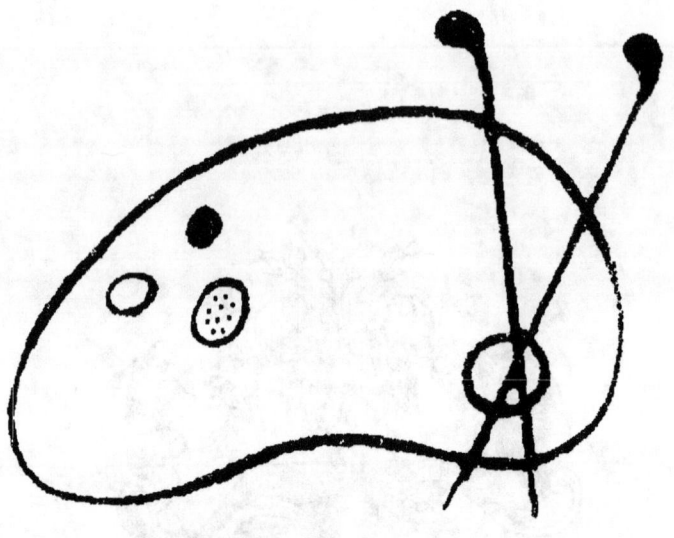

Fin d'une série de documents en couleur

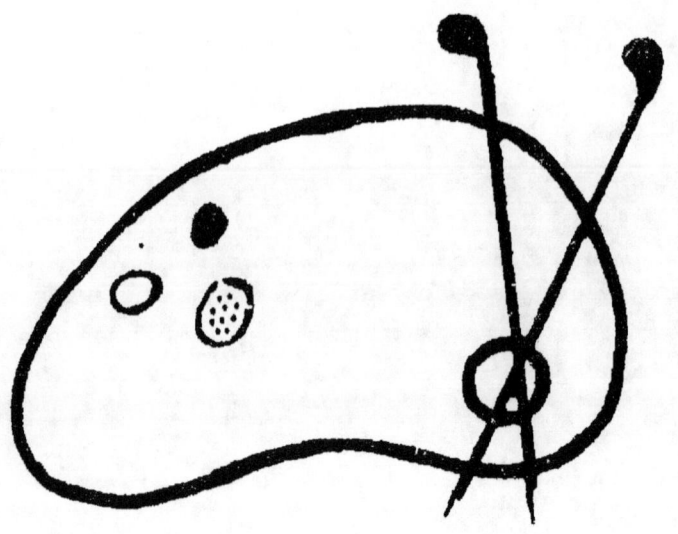

Typographie de couleur

LETTRE EN VERS

SVR LES MARIAGES

DE Mlle DE ROHAN

AVEC M. DE CHABOT

DE Mlle DE RAMBOVILLET

AVEC M. DE MONTAVSIER

ET DE Mlle DE BRISSAC

AVEC SABATIER

TIRÉ A PETIT NOMBRE.

Paris. — Imprimé chez Bonaventure et Ducessois,
55, quai des Grands-Augustins.

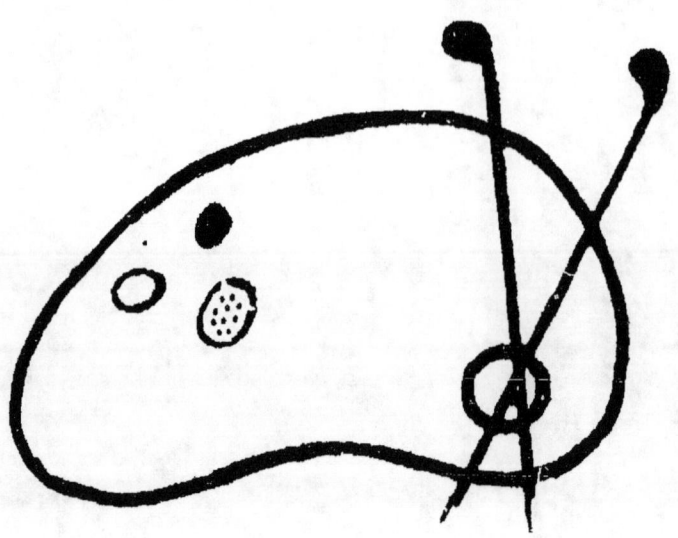

Typographie de couleur

LETTRE EN VERS
SVR LES MARIAGES
DE MLLE DE ROHAN
AVEC M. DE CHABOT

DE MLLE DE RAMBOVILLET
AVEC M. DE MONTAVSIER

ET DE MLLE DE BRISSAC
AVEC SABATIER

1645

A PARIS
CHEZ AUGUSTE AUBRY,
L'UN DES LIBRAIRES DE LA SOCIETE DES BIBLIOPHILES FRANÇOIS
RUE DAUPHINE, N. 16
—
M.D.CCCLXII

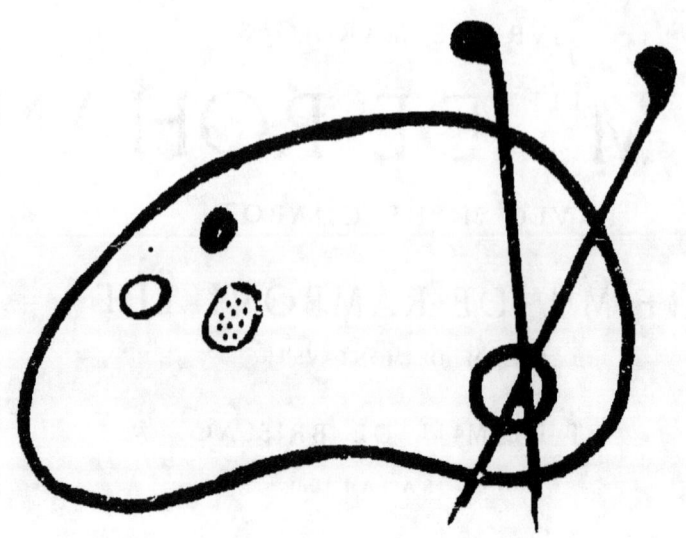

Typographie de couleur

PREFACE

*

Dans un recueil de pièces manuscrites qui a fait partie de la bibliothèque Leber (t. IV, p. 120), nous avons trouvé une assez curieuse lettre en vers intitulée : *Lettre à M. de la Roque, cappitaine des gardes de M. le duc d'Anguien.* Le recueil dont elle fait partie a dû être formé vers 1646 ou 1650, au plus tard, puisqu'il ne contient pas de

1.

pièces au delà de cette époque. La lettre en question est couverte de notes intéressantes, écrites par un contemporain ; la plus curieuse, qui est en tête du manuscrit, est ainsi conçue : *L'autheur est le fils de M^r le Maistre Paul Scarron, cy devant conseiller au Parlement et assez cognu pour sa franchise et liberté pour laquelle le Roy, par l'entremise du cardinal de Richelieu, luy fist commandement de sortir de Paris et se retirer en Touraine. Ce filz est un jeune homme incommodé de bras et de jambes, qui a le cul dans un plateau, mais de très-bon esprit.*

Nous avons en vain cherché cette pièce dans toutes les œuvres de Scarron, dont il nous a été possible d'obtenir l'indication, et après d'assez nombreuses recherches nous étions tenté de la croire inédite quand nous l'avons enfin découverte imprimée (in-4° à deux col., s. l. n. d.) dans le *Recueil des Mazarinades* de la bibliothèque de l'Arsenal, sous ce titre : *Lettre à M. de la Roque,* sans nom d'auteur. Dans cet imprimé, la lettre est tout à fait incompréhensible à cause de très-nombreuses transpositions de vers qui interrompent à chaque instant le sens des phrases.

Cette lettre est-elle réellement de Scarron ? C'est là une question que nous n'osons résoudre affirmativement. Comment, en effet, une pièce de près de deux cent cinquante vers aurait-elle pu échapper aux divers éditeurs ou commentateurs de Scarron, et surtout une pièce déjà imprimée? Cependant l'inconnu qui a annoté notre manuscrit, toujours bien informé sur les différents personnages qui paraissent dans cette lettre, devait probablement l'être aussi bien sur son auteur. D'ailleurs, le style n'est ni meilleur ni plus mauvais que celui de beaucoup de pièces de Scarron, il en présente en divers endroits la verve comique, et plusieurs expressions employées dans ces vers l'ont été également par le spirituel cul-de-jatte.

Quel que soit, du reste, parmi les poëtes burlesques de cette époque féconde en de telles productions, celui qui a écrit la lettre suivante, les noms que nous y trouvons la rendent assez intéressante pour que nous ayons cru devoir la publier. Ce sont, en effet, le bel Henri de Chabot, la fière Marguerite de Rohan, Tancrède son frère, Julie d'Angennes se laissant enfin fléchir par le fidèle Montausier obligé pourtant d'appeler à son aide la reine mère, Monsieur et le cardinal Mazarin ; puis la nièce de Richelieu, madame d'Aiguillon, et enfin mademoiselle de Cossé et le banqueroutier Sabatier. Parmi ces personnages intéressants à différents titres, la figure la plus curieuse est celle de l'infortuné Tancrède de Rohan, né dans le mystère, enlevé tout jeune à sa mère, caché en Hollande, ramené d'exil pour revendiquer ses droits au nom et à la fortune de son père, soutenant contre sa sœur un long procès qui divisa toute la société avant les guerres de la Fronde, et enfin mourant avec courage, à dix-neuf ans, au commencement de ces guerres.

Les notes qui accompagnent notre manuscrit sont exactes et bien faites, mais nous avons cru devoir y ajouter quelques renseignements pris à diverses sources. Celle où nous avons puisé le plus largement est l'excellente édition des *Historiettes* de Tallemant des Réaux, donnée par M. Paulin Paris qui, par ses précieux commentaires, en a fait un trésor inépuisable auquel il faut recourir bien souvent pour voir de près et connaître intimement, quoique en général de leur mauvais côté, les personnages de cette époque.

Nous avons laissé près du texte les remarques de notre annotateur, parce qu'elles ne sont pas assez longues pour gêner la lecture, et nous avons rejeté à la fin du volume nos notes qui auraient encombré les pages, et qui peuvent être négligées sans inconvénient.

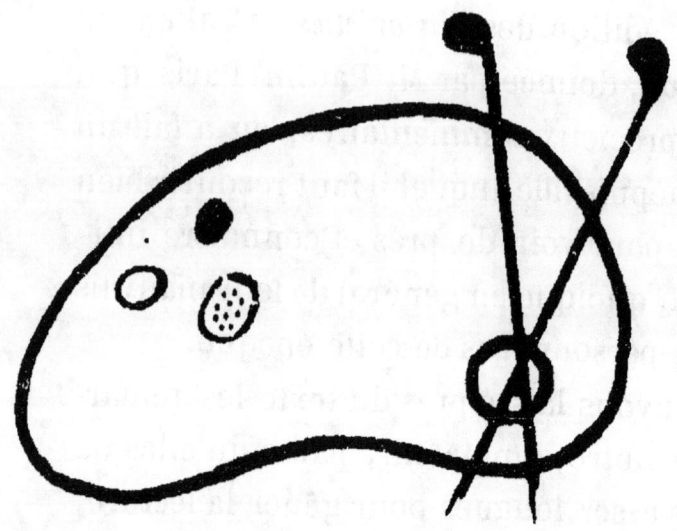

Typographie de couleur

LETTRE

A MONSIEVR DE LA ROQVE

CAPPITAINE DES GARDES

DE MONSIEVR LE DVC D'ANGUIEN

LETTRE

A Monsieur DE LA ROQUE, *cappitaine des gardes de Monsieur le duc d'Anguien.*

* * *

Tandis que vostre main s'employe
A garder celle qui foudroye
Ces gentils muguetz Allemans
Bien plus gras que chapons du Mans,
La main que je vous offre et voue,
Qui dessus ce papier se joue,

Pour vous s'appreste d'escrimer
Auec le Dieu qui faict rimer ;
Et tascheray de vous escrire
Quelque plaisant compte pour rire.

Puisque le docte Renaudeau*,
Dont langue vault mieux que nazeau.
Nous faict chanter, par ses gasettes,
Tout ce qui se faict où vous estes,
Muses chanteront par delà
Ce que, depuis un mois en çà,
S'est faict et passé dans la ville
Où sotz il y a plus de mille,
Sauf le respect du Gouuerneur** ;
Il n'en peult mais le bon seigneur.
Comme sottise parisienne
Est de mémoire fort ancienne,
Fust-il encor cent fois plus fin,
Il y perdroit tout son latin.
Mais est bien fou qui s'en tourmente,
C'est par là que ville s'augmente.
Car du temps que litz nopciers

---

* C'est le nom de celuy qui faict les Gasettes 1.
** M. le duc de Monbazon 2.

Estoient trop petitz pour un tiers.
Que sottes femmes estoient sages,
Les villes n'estoient que villages.
Mais en ceste aimable saison
Que nature passe raison,
Chaque famille est sy feconde,
Qu'une ville devient un monde.
Hé! Paris n'est-il pas aussy
Un petit monde racourcy,
Monde racourcy où s'estendent
Petitz et grands comme ilz entendent.

Depuis que le grand duc d'Anguien *
Vostre maistre, fust-il le mien!
Est allé rendre sa visitte
Au peuple qui point ne l'inuitte
Et s'en seroit fort bien passé,
Depuis, dis-je, qu'auec les troupes,
*Il est dans l'empire des coupes ***,
Où son bras faict cent fois plus peur

---

* Il a passé le Rhin ces années 1644 et 1645, et gangné villes et batailles glorieusement en Allemaigne.

** Les Allemans sont beuueurs.

Que la foudroyante vapeur *
Dont laurier verdoyant le garde
Mieux que hampe de hallebarde.
Grands prodiges sont aduenus
Causez par l'astre de Vénus
Dont l'aspect, joint avec la Lune,
A bien faict danser la fortune.
Cest astre bisarre et fatal,
Par son mouuement inégal,
Nous a faict, de dame hymenée,
Une dame de terre née **,
Dame qui, pour un coup d'amy,
N'escoutte parens ny amy
Et suit l'amour qui la gouuerne
Avec une sourde lanterne,
Et qui dame n'empesche pas
De faire souuent de faux pas.
Pucelages, depuis n'agueres,
Ont secoué le joug des mères,
Et dans la liberté qu'ilz ont,

---

* Que le tonnerre dont Monsr d'Anguien est préserué par les lauriers de ses victoires. Le laurier garde de la foudre.

** Variante : déterminée.

Tout comme il leur plaist, ils s'en vont.
En premiere et derniere classe,
Tant vieux que jeune tout y passe,
Et présumtion n'a plus lieu
Pour ce beau sacrement de Dieu.

Un certain almanach nous chante
Qu'après niepce vouldra la tante *
Macles ** *ouurir; et que, dans peu,*
De ses cendres naistra du feu.
Laissant à part la prophétie,
Encor fault-il que je vous die
Deux motz de l'illustre Rohan ***

---

* Mademoiselle de Rohan a encore sa tante ³, fille fort aagée, sœur de deffunct Monsʳ de Rohan son père; et cet autheur luy veult faire accroire qu'il luy prendra enuie de se marier ainsy qu'à sa niepce.

** Les armes de la maison de Rohan sont neuf macles d'or, et dit-on que les poissons, les arbres en leurs feuilles et les pierres qui sont sur la terre de Rohan, les portent figurées naturellement.

*** Mademoiselle de Rohan ⁴, fille de Monsʳ le duc de Rohan ⁵ et de madame de Rohan ⁶, qui estoit fille de Monsʳ le duc de Sully, estant aagée de trente ans et plus, contre le gré de madame sa mère, espouza en cette année 1645, en la ville de Sully, M. Chabot ⁷ que la veufue de M. le marquis de

Qui souffrit avec grand ahan
Ce que fille plus jeune endure
Auec un modeste murmure.
Ne croyez pas qu'en soit plus mal
Le meschant qui lui fit le mal,
Et de ce qu'il a faict, je pense
Que jamais n'aura repentence.
Quoy qu'il ait faict, peu ou beaucoup,
Tousjours a t-il faict un beau coup
Dont plus content est le beau sire
Que s'il se fust pris à la cire [9];
Car bien sçauez que duc le fit *
Le pucelage qu'il défit [10],
Et que dessoubz chemise fine,
Il trouua fourrure d'hermine **.
Jamais le destin amoureux

Coislin, fille de M. le chancellier Seguier, auoit voulu espouzer quelques années auparauant; et disoit-on que des lors il recherchoit mademoiselle de Rohan qui luy persuada de refuser cette alliance de M. le chancellier, sur la promesse qu'elle luy fit de l'espouzer [8].

* Ce mariage donna la qualité de duc à M. de Chabot.

** MM. de Rohan se disent de la maison de Bretagne qui porte l'hermine.

Ne rendit homme plus heureux,
En une nuict doulce et bénigne.
Pour belle gregue Chabotine,
Croissent ducatz et ducatons
Aussy viste que potirons.

Mais voicy que part y demande
Gentil nourisson de Hollande *,

---

* Madame de Rohan, pour se venger de sa fille qui se vouloit marier contre son gré, ou pour aultre cause, se fit entendre que mademoiselle sa fille sçauoit bien qu'elle auoit un frère et que l'on l'auoit tousjours tenu caché afin de la bailler à femme à M. le comte de Soissons, comme fille unique et seule heritière de la maison de Rohan ; et de faict, incontinent après le mariage, elle fist venir ce filz de Hollande en France, aagé de quatorze ans ou enuiron, que l'on dit auoir esté conceu à Venise où M. de Rohan a demeuré par un longtemps, et sa femme l'estoit allé voir [1].

On dit aussy que ce fils est né à Paris, qu'il fut baptisé en l'église de Sainct-Paul où il fut porté par un domestique de M. de Candale nommé Tancrède qui luy donna son nom, et baptisé, non pas soubz le nom des sieur et dame de Rohan ses père et mère, mais soubz le nom de Le Bon. Quoy qu'il en soit, tout cela n'estoit point venu à la commune congnoissance du monde que au temps de ces nopces ; et M. de Can-

Propre frère et vray successeur
Issu des nopces de sa sœur,
Sœur qui, par estrange mistère,
Au lieu d'un filz a faict un frère.
Enfin le masque en est leué,
Ce frère en Hollande esleué,
Faict à Venise et nay en France
Reuient au lieu de sa naissance.
Le jour qui cet enfant produict
Fut suiuy d'une longue nuict *
Dans laquelle il n'oza paroistre,
A peine auoit-il ozé naistre;
Et ce mignon sage et discret,
Rendu comme pris en secret,

---

dale auoit esté longtemps *suspectus in Messalina*, et ayant faict profession de la R. p. R., on disoit que c'estoit ce ministre-là qui l'auoit conuerty, et un jour que l'on rapporta à M. d'Espernon, père de M. de Candale, que madame de Rohan estoit accouchée, ledit s^r d'Espernon qui lors estoit, par son humeur bizare, mal avec tous ses enfans, dit, par ses poinctes ordinaires, qu'il prioit Dieu qu'il ne donnast point d'enfans à M. de Rohan qui ressemblassent aux siens.

* Pour ce qu'il a esté caché et incognu quatorze ans durant.

Onc ne pleura crainte de faire
Quelque bruict à sa bonne mère.
Il fut bien sage, et c'est pourquoy
Mère lui veult donner de quoy.
S'il fut bon filz, il fut bon frère,
Et quoyque sœur ne l'ayme guere,
Il fit grand voyage, dit-on,
Pour la joindre au sang de Bourbon [12].
Je sçay qu'aultrement on en cause,
Et qu'on dit, pour troisiesme cause,
Qu'ainsy le permit l'Éternel,
Que pour son crime originel,
Il fit quatorze ans pénitence.
Quoy qu'il en soit, quoy qu'on en pense,
S'il est absoubz de son péché,
A Dieu le Dais et la Duché;
Pour raisons d'estat qu'il allègue,
Juppe le doibt rendre à la grègue *.
Dieu luy sauue le Tabouret **,

---

* La sœur doibt rendre le duché à son frère s'il est recongnu

** Il n'y a que les duchesses assizes sur le tabouret en la chambre de la royne, et disoit-on que, pour le conseruer, la fille de Monsr le mareschal de La Chastre filz [13] n'auoit voulu jamais publier son

Et luy doint repos sur breuet
Accordé par grâce autentique
A noble fesse britannique.
Mais sus, remettons ce procès
Au jugement du duc d'Uzès.

Voyons jusqu'où va la puissance
De l'astre et de son influence
Par qui l'amour a subjugué
Diane * qui l'auoit morgué.*
Il n'est ny pucelle ny veufue
Qui se puisse dire à l'espreuue

---

troisiesme mariage avec M. de Rhodes [14], et que s'estant faict séparer d'auec le filz de M. d'Uzès [15] qu'elle auoit espouzé en secondes nopces et qui n'estoit pas duc, son père viuant, elle se qualifioit veufue du comte d'Halès [16] son premier mary, filz du comte d'Auuergne qui tenoit rang de prince ; et pour ce l'on renuoie icy ce differend à juger au duc d'Uzès.

* C'estoit la fille du marquis de Rambouillet [17] et de la fille du marquis de Pisany sa femme [18]. Cette fille [19] fort sage, en bonne estime dans la cour et recherchée de plusieurs, faisoit profession de ne se vouloir point marier, et cette année 1645, aagée de quarante-cinq années, s'est mariée au sieu. de Montozier [20].

Des traictz dont ce petit volleur
A mis tout le monde en challeur.
La plus ferme et la plus constante
De toutes les nimphes qu'on vante
A passé soubz le joug d'Hymen.
Qu'elle eut de peine à dire amen,
Et que longtemps s'est deffendue
Ceste forteresse rendue.
Amans y perdoient mille vœux,
Amour y consommoit ses feux;
Trop fière elle en causoit la perte;
Et, tant qu'elle fut un peu verte [*].
Ce dieu et son ardant flambeau
Ne pouuoit mordre sur sa peau.
Mais voicy que a penetrée
Flamme au milieu du cœur entrée.
Le brave et vaillant Montozier,
Souple et pliant comme un ozier [21],
Inuoqua des cieux la puissance.
Majesté, Altesse, Éminence [**],
Secours ne refuzèrent pas;

---

[*] Pendant qu'elle estoit jeune et verte elle ne pouuoit brusler.

[**] La reyne-mere, Monsieur et le cardinal Mazarin s'en sont meslés et autres.

Astres d'en-hault, astres d'en-bas
Se joignirent tous pour abattre
Fille qui fist le diable à quatre
Quand d'hymen on la conjura,
Je ne sçay combien il y a.
D'Orléans la noble pucelle,
Qui n'estoit pas si noble qu'elle,
N'eust sceu, par ses fameux combatz,
Mieux deffendre le pays bas.
On dit que la fleur virginale
Ne rendit jamais son teint pasle.
Et que, pucelle, ne paslit
Que quand masle entra dans son lict.
Grand tremblement suiuit la craincte,
Quelque murmure et quelque plaincte
Pour dure séparation
D'un bien qui feust sa passion
Et luy tient encore en ceruelle.
Ce fut son compagnon fidelle,
Que, dans la cour, filles de bien
Reveroient comme leur ancien.
Onc n'eust souffert perte sy rude
A moins que d'estre chez la prude *

---

* La duchesse d'Aiguillon [22] que le cardinal de

A qui, par arrest, fut rendu
Pucelage aultresfois perdu ;
C'est la belle et chaste Duchesse
Que Dieu délivra de grand'presse
Quand oncle * appeller il luy pleut.*
Vers luy, je ne sçay s'il y fut.
Ores pucelle se trémousse,
Voyant deux princes à sa trousse
Qui veullent, ce semble, arracher
Le doux aiguillon de sa chair.
Mais ce n'est pas la manière
*Que Duchesse à la mine fière ***
L'eust bien voulu, au temps jadis.
Quand, sur antiques fleurs de lis,

Richelieu, son oncle, voullust faire croyre auoir esté laissée pucelle par l'impuissance du sieur Combalet son mary, et ce, longtemps après la mort de son dict mary duquel elle s'estoit longtemps qualifiée veufue et jouist de son doire, et ce, afin de mieux disposer M. le comte de Soissons à l'épouzer. Mais tout cela fust trouué sy impertinant et sy ridiculle que l'on en laissa la poursuitte. Et cet autheur dict qu'elle fut deliurée de grande presse par la mort de son oncle pour ce que, pendant sa vie, chascun luy faisoit la cour qui cessa par cette mort.

* Le cardinal de Richelieu.
** La duchesse d'Aiguillon.

Virginité fut restablie,
Toute œuure de chair abolie
Et rendu fleuron de hault prix,
Ainsy qu'indeument et mal pris
Par fut Monsieur le Cappitaine *
Mal pourueu d'une courte halaine,
Et dans l'aultre monde accusé
D'auoir de son droict mal usé.
Pour tel motif et te^lle cause,
Par la loy de métempsicose,
Reuint noble virginité
Au deuant de principauté :
Mais, n'y pouuant trouver son compte,
Virginité mourut de honte.
Et, depuis, oncques ne dit-on
Que fust veufue, pucelle ou non.

Mais, pour reuenir aux nouuelles,
On en dit icy des plus belles
Dont estre debuez aduerty.
On a voulu mectre en party **

---

* Deffunct Combalet, accusé d'impuissance longtemps après son décès.
** Sabatier [23], grand partisan, et qui après auoir

Fille d'humeur un peu haultaine
Et d'ancienne race romaine,
Auec un homme gros et gras
Qui n'a perdu jambe ny bras,
Et paroist la teste aussy verte
Que sy lauriers l'auoient couuerte.
Bruict est que grands biens conserua [25]
Pour l'alliance de Nerua.
Mais telle histoire est incroyable,
A moins que cet astre de diable
Voullust cyaller soubz ses loi r

---

faict banqueroutte et composé pendant son absence à ses créanciers, estant protégé par M. de la Meilleraye, grand-maistre de l'artillerie, sous lequel il auoit esté commis à la confection des pouldres qui fut interdicte à tous aultres, et le prix des pouldres doublé presque de moitié. On dit qu'il luy reste trois millions d'or de bien et qu'il espouzera la sœur de madame de la Meilleraye, fille de M. de Brissac qui porte le nom de Cossé, et, pour ce, disent estre descendus de Cocceius Nerva, empereur romain [24].

* Par la loy des douze tables, les créanciers couppoient par mourceaux leurs debteurs qui ne les pouuoient payer et leur faisoient banqueroutles. Par les loys de France, les banquerouttiers portent le bonnet vert.

Grands Romains et petitz Gaullois.
Non, non, ceste illustre pucelle
N'est point à sa race infidelle,
Pour former ce honteux dessain
Trop indigne du sang Romain.
Et, sans mentir, telle infamie,
Dont capable ne la crois mie,
Passeroit, du quart et du quint,
La banqueroutte d'un coquin.

NOTES

NOTES

⁎

1 Théophraste Renaudot, né à Loudun en 1584, fut reçu docteur en médecine à Montpellier en 1606, obtint le brevet de médecin ordinaire du roi en 1612, mais sans être couché sur l'état et sans servir par quartier, fut attaqué par la Faculté de médecine de Paris pour avoir exercé sans autorisation, et condamné à ne plus pratiquer dans Paris. Il prit part au *Mercure françois* de 1635 à 1643, fit imprimer, en 1623, l'*Éloge funèbre de Scévole de Sainte-Marthe*, et publia, en 1646, la *Vie de Henri de Bourbon, prince de Condé*; en 1647, celle du maréchal de Gassion, et, en 1648, celle de Michel Mazarin, frère du cardinal. Il mourut le 25 octobre 1653.

Il avait commencé, en 1631, la publication de la *Gazette* à laquelle il travailla avec ses deux fils, Isaac et Eusèbe, qui la continuèrent jusqu'à leur mort arrivée, pour le premier, en 1680; pour le second, en 1679. L'abbé Renaudot, fils d'Eusèbe, en prit ensuite la direction.

Loret parle aussi de son nez dans la *Muze historique* du 31 décembre 1651.

> *Je ne devois pas oublier,*
> *Mais, de l'autre mois, publier*
> *(Car c'est assez plaizante choze)*
> *Que le sieur Gazetier en proze*
> *Autrement, monsieur Renaudot,*
>
> . . . .
>
> *A pris une femme jolie*
>
> . . . .
>
> *Il faut qu'il ait mis en campagne*
> *Multitude de ces Loüis*
> *Par qui les yeux sont éblouis :*
> *Car cette épouze étant pourvüë*
> *D'atraits à donner dans la vüë*
> *Des plus beaux et des mieux peignez*
> *Ne l'a pas pris pour son beau nez.*

Et dans celle du 1er novembre 1653 :

> *Renaudot, le grand Gazetier,*
> *Dont le nez n'étoit pas entier,*
> *Mais dizert historiographe,*
> *Et digne d'un bel épitaphe,*
> *Dimanche fut mis au tombeau.*

² Hercule de Rohan, duc de Monbazon, pair et grand veneur de France, né en 1568, mort en 1654.

*

³ Anne de Rohan, née vers 1585, morte le 20 septembre 1646. « Elle a été, dit Bayle dans son *Dictionnaire*, aussi illustre par sa piété et par son esprit que considérable par sa naissance. J'ai déjà dit qu'elle soutint avec une fermeté héroïque les incommoditez du siége de la Rochelle qui furent si dures, que pendant trois mois, elle fut réduite à vivre de chair de cheval et de quatre onces de pain par jour.... Elle fut célèbre par sa piété exemplaire à toutes personnes de sa religion, et par son savoir au-dessus de son sexe. Elle faisait très-bien des vers : l'excellent poëme qu'elle fit sur la mort de Henri IV en est une preuve. Ce qu'on raconte de son hébreu est singulier. Elle mourut fille, à Paris, le 20 septembre 1646. » Ce poëme, dont parle Bayle, se trouve dans le *Recueil de diverses poésies sur le trespas de Henry le Grand, dédié à la royne, mere du roy, par G. du Peyrat*. Paris, Robert Estienne, 1611, in-4º. Il se compose de vingt-cinq stances.

*

⁴ Marguerite de Rohan, née vers 1615 ou 1617, morte le 9 août 1684.

⁵ Henri II de Rohan, mort le 13 avril 1638.

*

⁶ Marguerite de Béthune, morte le 21 octobre 1660.

*

⁷ Henri Chabot, sieur de Saint-Aulaye et de Montlieu, né vers 1615, mort le 27 février 1655. Loret parle ainsi de sa mort (*Muze historique* du 6 mars 1655) :

> Les trois hideuzes Filandières
> Qui font bossus les cimetières,
> Qui n'epargnent ny roy, ni roc
> . . . .
> Ont fait mourir Rohan Chabot.
> Chabot qui venoit de naissance,
> D'un antique admiral de France,
> Chabot, cet aimable mortel,
> Dont, jadis, le destin fut tel,
> Qu'il eut pour femme et pour amante,
> Une beauté toute charmante,
> Qui voulut joindre à son bon-heur
> La qualité de grand seigneur,
> Le jugeant d'assez bonne mine
> Pour porter dignement l'hermine.
>
> Ce fut depuis sept jours, en ça,
> Que ce noble duc trespassa ;
> Il eut, en sa mortelle crize,
> L'âme, à Dieu, toûjours si soûmize,

*Qu'on ne sçauroit certainement,
Déceder plus chrétiennement.*

*

⁸ D'après Tallemant des Réaux, ce n'est pas mademoiselle de Rohan qui lui persuada de refuser cette alliance, c'est Chabot, et cela est beaucoup plus croyable, qui fit valoir auprès d'elle son sacrifice. Voici ce qu'il en dit (*Historiette de mesdames de Rohan*, t. III, p. 435) : « Comme il ne tint qu'à Chabot d'espouser madame de Coislin, il fit fort valoir à mademoiselle de Rohan ce qu'il manquoit pour l'amour d'elle, et elle luy dit sur cela qu'il pouvoit tout espérer. » Et ailleurs (*Historiette de M. de Laval*, t. V, p. 259) : « Or, Chabot avoit fait connoissance avec madame de Coislin, un peu après la mort du marry, chez madame de Sully (vers 1641); et quoy qu'il eust desja mademoiselle de Rohan en teste, il voyoit pourtant si peu de jour à ce qui est arrivé depuis, qu'il voulut tenter cette aventure, et il y réussit si bien que s'il eust poussé, il l'eust asseurement espousée; mais il en fit sa cour auprès de mademoiselle de Rohan, et luy dit en suitte que si, en mesprisant l'avantage qu'il trouvoit, il estoit asseuré de faire quelque chose qui luy fust agréable, il n'y penseroit jamais. Il adjousta en suitte tout ce qui pouvoit servir à son dessein; car on dit qu'il ne s'y entendoit pas mal. Mademoiselle

de Rohan fut touchée de cette générosité; et elle luy donna asseurance que ses services seroient reconnus. »

*

⁹ Allusion à son projet de mariage avec la fille du chancelier.

*

¹⁰ S'il faut en croire Tallemant des Réaux, Chabot n'aurait pas eu cette peine. Il est, du reste, le seul des auteurs de son temps qui n'ait pas célébré la grande vertu de mademoiselle de Rohan. « Ruvigny, estant comme domestique de la maison*, et y trouvant une grande licence à cause de M. de Candalle**, se mit à badiner avec mademoiselle de Rohan qui n'avoit alors que douze ans. Cela dura jusqu'à l'âge de quinze ans, qu'à Paris il en eut tout ce qu'il voulut..... Ce commerce dura près de neuf ans. » Voir pour les détails de ces amours l'*Historiette de mesdames de Rohan*, t. III, p. 418 et suiv.

*

¹¹ Le P. Griffet (*Histoire de Tancrède de Rohan*,

---

* Chez M. et madame de Rohan.
** Amant de madame de Rohan.

avec quelques autres pièces concernant *l'histoire de France et l'histoire romaine*, Liége, J. F. Bassompierre, 1767, in-12), et Tallemant des Réaux (*Historiette de mesdames de Rohan*) donnent sur ce Tancrède des détails que nous résumons ici.

Le récit du P. Griffet se rapporte assez bien à ce que nous trouvons dans le *Manifeste de madame de Rohan, servant de justification contre les accusations de madame de Chabot, sa fille, au sujet de la naissance de Tancrède son frère, par elle prétendu supposé.* (Bibl. de l'Arsenal, mss. franç., n° 191.)

Le duc de Rohan était, à la fin de l'année 1629, allé à Venise où se trouvaient déjà sa femme, sa fille et M. de Candalle, pour négocier l'achat de l'île de Chypre où il voulait établir une colonie et un refuge pour les protestants. Comme il lui fallait vendre des propriétés pour payer le prix d'acquisition, fixé à 200,000 écus, il résolut d'envoyer sa femme en France dans ce but, quoiqu'elle fût grosse de sept mois, et craignant que Richelieu ne fît saisir l'enfant pour le faire élever dans la religion catholique, il convint, avec la duchesse de Rohan, qu'elle arriverait et accoucherait à Paris le plus secrètement possible. A son arrivée, la duchesse se logea, avec sa fille, chez une demoiselle de ses amies que l'on avait mise dans le secret. Elle y accoucha, le 18 décembre 1630, d'un fils qui fut baptisé à l'église Saint-Paul et appelé Tancrède Le Bon, du nom d'un valet de chambre de M. de Candalle. Le P. Griffet prétend, d'après madame de Rohan, que le duc de Rohan, à son voyage à Paris, en 1634, vit plusieurs fois cet enfant, mais qu'il ne voulut pas encore divulguer le mystère de sa naissance. Il avait alors le désir de marier sa fille avec le comte de Soissons qui, n'étant pas riche, n'y eût pas pensé s'il ne l'eût crue l'unique héritière de tous les biens de sa famille.

En 1636, au moment où les ennemis, après avoir passé la Somme et pris Corbie, menaçaient Paris, la duchesse de Rohan envoya son fils en Normandie, chez un nommé La Mestairie, père de son maître d'hôtel, qui se chargea de le garder dans le château de Préfontaine, situé entre Lisieux et Pont-l'Évêque. Elle avait dessein de l'envoyer en Angleterre auprès de M. de Soubise.

A quelque temps de là, mademoiselle de Rohan, inquiète à la pensée que ce frère pourrait un jour lui ôter ces biens dont on la croyait héritière, consulte Ruvigny, qui lui conseille de le faire enlever et conduire en Hollande, où l'on payerait sa pension jusqu'à ce qu'on pût l'envoyer aux Indes, et de faire croire à ses parents qu'il était mort. Ruvigny s'entend avec deux de ses amis, Barrière, capitaine au régiment de la Marine, en garnison du côté de Préfontaine, et La Sauvetat, frère de Barrière, capitaine d'infanterie au service de la Hollande. Barrière envoie trois soldats de sa compagnie au château de Préfontaine pour enlever Tancrède. La Mestairie résiste et l'emmène au château de Breuil. Barrière revient avec une troupe plus nombreuse, enfonce les portes, se fait livrer l'enfant moitié par la violence et moitié par l'appât d'une assez forte somme d'argent, et l'envoie en Hollande. La Mestairie fait croire à la duchesse de Rohan que son fils a été enlevé par une rapide maladie (1638).

La Sauvetat place alors Tancrède, sous le nom de Monsieur Charles, en pension chez un maître d'école dans un village du Vœsterland, puis, quand il a onze ans (1641), chez un marchand mercier de la ville de Leyde où il fait ses études.

Au moment du mariage de sa fille avec Chabot, la duchesse de Rohan, venant à apprendre, par certaines indiscrétions, que son fils vit encore et qu'il est en Hollande, y envoie son secrétaire Rondeau avec tous les pouvoirs pour l'emmener, et aussitôt qu'il est arrivé à Paris (en juillet 1645), elle le reconnaît.

De là, entre la mère et la fille un long procès qui n'était pas encore définitivement jugé en 1649, au moment de la guerre de Paris, quand, pour se rendre le parlement favorable, Tancrède s'enrôla dans les troupes de cette compagnie. « Il suivit, dit le P. Griffet, MM. de Noirmoutiers et de Vitry au siége de Brie-Comte-Robert, d'où ils revinrent à Paris avec un détachement de trois cents chevaux. Tancrède les accompagna; ils rencontrèrent, dans la vallée de Fécan, proche le château de Vincennes, une partie de la garnison de ce château qui s'étoit mise en embuscade et qui prit la fuite à leur arrivée. Tancrède, emporté par son courage, poursuivit cette troupe fugitive, ne doutant pas que toute l'escorte de MM. de Noirmoutiers et de Vitry n'accourût pour le soutenir. Mais ces messieurs le laissèrent presque seul, et il ne fut suivi que de huit ou dix de leurs cavaliers. Les ennemis, le voyant si peu accompagné, revinrent sur leurs pas et le chargèrent. Il en tua d'abord deux à coups de pistolet, et il mit ensuite l'épée à la main pour se défendre contre les autres : ces cavaliers, qui l'avoient suivi, furent tous tués ou blessés, et il se vit bientôt accablé par le nombre. Un soldat allemand, de la compagnie du comte de Dona, lui tira un coup de pistolet dans les reins à bout touchant, qui le renversa de son cheval. » Comme il respirait encore, on le transporta au château de Vincennes où M. de Vitry envoya un trompette pour le réclamer, moyennant une forte rançon. Le gouverneur refusa de le rendre, et il mourut de ses blessures le lendemain 1er février 1649.

La *Gazette* raconte cette mort à peu près de la

même façon. Il y est dit que, quand il était entouré d'ennemis, Tancrède « cria généreusement qu'il falloit que cette action le conduisit à la duché qu'on lui disputoit ou à la mort. »

Nous trouvons encore le récit de la mort de Tancrède dans *Le quatriesme Courrier françois, traduit fidellement en vers burlesques* (Paris, Claude Boudeville, 1649), à la page 7 :

> *Le dimanche monsieur Tancrède*
> *Fut blessé d'un coup sans remède,*
> *Blessé, dis-ie, d'un coup mortel,*
> *L'yssu d'un côté paternel*
> *Du feu duc de Rohan son père,*
> *Il estoit religionnaire,*
> *Du reste un enfant très-bien né,*
> *Aussi vaillant qu'infortuné.*
> *Il donnoit beaucoup d'esperance,*
> *Mais le mauuais destin de France*
> *A consenty qu'il ait pery*
> *Comme il estoit avec Vitry,*
> *Noirmoustier et d'autre noblesse,*
> *Car pour sa premiere prouësse*
> *Et pour acheuer son roman,*
> *Il rencontra quelque Alleman*
> *De la garnison de Vincennes*
> *Qu'il suiuit à perte d'haleine,*
> *Mais il s'engagea trop auant,*
> *Les ennemis estoient deuant*
> *Qui n'eurent pitié de son aage*
> *Et le traitterent auec rage,*
> *Parce qu'il en auoit occis*
> *De leurs caualiers plus de six :*

> *Ils le chargèrent, le blesserent*
> *Et dans le chasteau le traisnerent*
> *Où le lendemain son decez*
> *Finit sa vie et son procez.*

Il parut cette même année 1649, une petite pièce intitulée : *Lettre de consolation envoyée à madame la duchesse de Rohan, sur la mort de feu M. le duc de Rohan, son fils, surnommé Tancrède.* Paris, Claude Huot, 1649, in-4º, avec un portrait gravé par Moncornet. L'auteur, protestant et frondeur, qui signe *B. D.*, après des consolations générales, dit : « Vous n'aviez qu'un enfant, madame, qui à l'âge de dix-huit ans promettoit tout ce que l'on deuoit attendre d'un fils digne de vous, et de feu M. le duc de Rohan, et certes il a bien tenu ce qu'il promettoit. C'estoit un enfant extraordinaire en sa naissance et en son éducation ; toute l'Europe sçait pour quelles raisons vous l'auiez caché, par quelle malice on vous l'auoit rauy, par quel bonheur vous l'auiez recouuré, et auec quel soin vous l'auiez nourry....... Ce jeune héros sçavoit bien qu'il ne pouuoit pas donner de marques plus asseurées de sa condition, qu'en imitant ses prédecesseurs, et sur tous l'incomparable feu M. le duc de Rohan son père........ Il n'attendit pas la mort, il alla au deuant : car comme s'il eust eu peur de la manquer dans une si belle et si juste occasion, il quitta ceux qui luy eussent voulu conseruer la vie, et se mesla parmy ceux qui la luy vouloient oster. Il pouuoit mourir dans son escadron, comme font beaucoup de gens de cœur; mais il se persuada qu'un véritable héritier de la maison de Rohan passeroit encore pour un enfant supposé, s'il ne mouroit au milieu des ennemis, et s'il ne faisoit un coup d'essay, et un coup de maistre tout ensemble. »

Enfin Scudéry publia une pièce de vers intitulée : *Regrets de la mort glorieuse de M. Tancrède de Rohan, à madame de Rohan sa sœur. Par le sieur de Scudéry* (Paris, vefue A. Musnier, 1649, in-4° de 2 ff.). Si l'on en croit le P. Griffet, il osa présenter ces vers à la duchesse de Rohan-Chabot. Voici cette pièce :

> *Olympe, le pourray-je dire*
> *Sans exciter vostre courroux ?*
> *Ce grand cœur que la France admire*
> *Semble déposer contre vous.*
> *L'invincible Rohan plus craind que le tonnerre*
> *Vit finir ses jours à la guerre,*
> *Et Tancrède a le mesme sort.*
> *Cette conformité qui le couure de gloire*
> *Force presque chacun à croire,*
> *Que la belle Olympe auoit tort,*
> *Et que ce jeune Mars si digne de mémoire*
> *Eut la naissance illustre, aussi bien que la mort.*

ÉPITAPHE SUR LE MESME.

> *Rohan qui combattit pour déliurer la France*
> *Est mort dans la captiuité :*

Son nom lui fut à tort, en viuant disputé;
Mais son illustre mort a prouué sa naissance.
Il est mort glorieux pour la cause d'autrui;
C'est pour le parlement qu'il entra dans la lice :
  Il a tout fait pour la Justice,
  Et la Justice rien pour lui.

L'histoire de Tancrède de Rohan est agréablement racontée dans un roman de M. Henri Martin, intitulé : *Minuit et Midi*. (Paris, 1832, in-8°).

*

[12] C'est-à-dire qu'il fut caché et mené en Hollande pour faciliter le mariage de sa sœur avec Louis de Bourbon, comte de Soissons.

*

[13] Louise-Henriette de la Chastre, dame de la Maison-Fort.

*

[14] Claude Pot, seigneur de Rhodes, grand maître des cérémonies.

*

[15] François de Crussol, duc d'Uzès, né en 1600, pair de France, chevalier des ordres du roi en 1661, chevalier d'honneur de la reine Anne d'Autriche, mort le 14 juillet 1680.

16 François de Valois, comte d'Alais. Son père, Charles de Valois, duc d'Angoulême, comte d'Auvergne et de Lauraguais, était fils naturel de Charles IX et de Marie Touchet.

*

17 Charles d'Angennes, marquis de Rambouillet et de Pisani, baron de Talmont, seigneur d'Arquenay, vidame et sénéchal du Mans, né vers 1577, successivement capitaine de la seconde compagnie des cent gentilshommes de la maison du roi, maître de la garde-robe, conseiller d'État, colonel général de l'infanterie italienne, maréchal de camp et ambassadeur en Piémont et en Espagne, mort le 26 février 1652.

*

18 Catherine de Vivonne (la célèbre marquise de Rambouillet), née en 1588, morte le 27 décembre 1665.

*

19 Julie-Lucine d'Angennes, née vers 1605, épousa M. de Montauzier le 15 juillet 1645, fut nommée gouvernante du dauphin en 1661 *, et

---

* On lit dans la *Muze historique* de Loret (lettre du 8 octobre 1661) :

> D'un de mes amis j'apris, hier,
> Que madame de Montauzier,

dame d'honneur de la reine en 1664*. Elle mourut le 15 novembre 1671.

Voici ce que dit Tallemant des Réaux au sujet de ce mariage (t. II, p. 525 et suiv.) : « Le marquis se voyant gouverneur de Xaintonge et d'Angoulmois, fit parler à mademoiselle de Rambouillet, par mademoiselle Paulet, par mademoiselle de Sablé et par madame d'Aiguillon mesme. Elle l'estimoit, mais elle avoit aversion pour le mariage. Madame d'Aiguillon, en luy

---

La perle des candides ames
Le modelle des sages dames,
Par l'elite et le juste choix
Du plus prudent de tous les Rois,
Est nommée, enfin, Gouvernante
De la Créature charmante,
Ou soit Princesse, ou soit Daufin,
Que quand octobre prendra fin,
On espère de la grossesse
De la Reine, nôtre Maîtresse :
Certes, on n'eût pû choizir mieux
Au gré des plus judicieux
Tant cette dame renommée
Est generalement aimée.

* Loret. (*Ibid.* Lettre du 16 août 1664) :

Depuis des jours, dix, onze ou douze,
Du sage Montozier l'épouze,
Digne, certes, d'un tel bon-heur,
De la Reine est dame-d'honneur,
Charge belle, charge importante,
Et dont cette dame charmante,
A déja, ce dit-on, prêté
Le serment de fidélité.

representant la passion du cavalier, luy disoit :
« Ma fille, ma fille, il n'y a rien de tel devant
« Dieu, cela donne devotion. » On en fit dire
un mot par la Reyne : le cardinal mesme vint en
parler à mademoiselle de Rambouillet. En ce
temps-là, il n'estoit pas si estably qu'il est à
cette heure et il mitonnoit madame d'Aiguillon,
pour faire espouser le duc de Richelieu à une
de ses niepces. Madame de Rambouillet se
plaignoit alors de la dureté de sa fille ; ce fut ce
qui fit l'affaire, car, de peur de fascher sa mere,
elle s'y résolut, et changea du soir au matin.
La veille elle estoit aussy esloignée de mariage
que jamais...... Ce fut à Ruel que les nopces se
firent, et par une rencontre plaisante, celuy que
l'on appeloit autrefois le nain de la princesse
Julie (Godeau, évêque de Grasse), fut celuy-là
mesme qui les espousa. »

Il y avait au moins treize ans que M. de
Montauzier soupirait pour mademoiselle de
Rambouillet, puisque c'est vers 1632 qu'il commença à travailler à la *Guirlande de Julie*. Il la
lui offrit vers 1642.

★

[20] Charles de Sainte-Maur, baron de Salles,
puis marquis et enfin duc de Montauzier, né
en 1610, fut gouverneur d'Angoumois, de Saintonge et de Normandie, lieutenant général de
la haute et basse Alsace, gouverneur du dauphin, premier gentilhomme de sa chambre, et

maître de sa garde-robe. Il mourut le 17 mai 1690.

*

[21] Ceci ne se rapporte pas trop à tout ce que l'on a dit de Montauzier, type présumé de l'Alceste du *Misanthrope*. Des Réaux a fait son portrait (t. II, p. 528) : « C'est un homme tout d'une pièce; madame de Rambouillet dit qu'il est fou à force d'estre sage. Jamais il n'y en eut un qui eut plus besoing de sacrifier aux Grâces. Il crie, il est rude, il rompt en visière, et s'il gronde quelqu'un, il luy remet devant les yeux toutes les iniquités passées. Jamais homme n'a tant servy à me guerir de l'humeur de disputer. »

Peut-être notre auteur le voyait-il déjà tel qu'il fut toujours, plat devant ses supérieurs, et, ce qu'il n'indique pas, plein de morgue envers ses égaux et ses inférieurs.

*

[22] Marie-Magdeleine de Vignerot et de Pont-de-Courlay, née vers 1605, mariée en 1620 à Antoine de Beauvoir du Roure, seigneur de Combalet, veuve en 1621, duchesse d'Aiguillon en 1638, morte en 1675. Elle était nièce du cardinal de Richelieu par sa mère Françoise du Plessis.

Tallemant des Réaux parle du projet de mariage avec le comte de Soissons, et de la prétendue virginité de madame d'Aiguillon (t. II, p. 163) : « Je croy qu'elle se fust résolue à espouser M. le Comte s'il l'eust voulu, et, comme j'ay desja remarqué, il l'eust espousée si elle eust esté veuve d'un homme plus qualifié. On fit courir le bruit, en ce temps-là, que le mariage n'avoit point esté consommé avec Combalet ; cependant il passoit pour l'homme le mieux fourny de la Cour, et qui estoit le plus grand abatteur de bois. J'ay ouy dire mesme que dans l'action, transporté de joye ou autrement, il avoit appellé un valet de chambre qui avoit esté tesmoing de ce qui s'estoit passé. Dulot fit l'anagramme que voicy sur cette prétendue virginité : Marie de Vignerot, *Vierge de ton mary*. Madame de Rambouillet m'a pourtant asseuré que jamais elle n'avoit reconnu que madame d'Aiguillon voulust passer pour fille. »

*

21 Nous pouvons compléter cette note par le récit de Tallemant des Réaux (t. II, p. 227) : « Voicy ce que j'ay appris des deux sœurs de la Mareschale (de la Meilleraye). L'aisnée, toute princesse romaine qu'elle estoit, et prétendant le tabouret chez la Reyne, devint amoureuse d'un gros homme qui n'estoit plus jeune, et qui estoit de fort basse naissance et, de plus, refugié de peur de ses créanciers. C'estoit un

nommé Sabattier à qui le cardinal de Richelieu, le croyant fort riche, fit espouser l'aisnée de la Roche-Posay, qui estoit un peu sa parente; mais elle mourut bientost. Sans cela, le Cardinal eust soutenu cet homme qui, faute de conduitte et d'appuy, donna du nez en terre et fit banqueroute. Il avoit connoissance avec le mareschal de la Meilleraye; cela fut cause qu'il se retira en Bretagne chez M. le duc de Brissac, et il se mit aux bonnes graces du duc et de la duchesse. Ce fut là que mademoiselle de Brissac, qui jusques alors s'estoit piquée d'une grande pruderie, trouva cet homme à son goust, et l'aima si esperduement qu'on a dit qu'elle luy tiroit ses bottes. Elle l'espousa en cachette. Le bruit en courut quelque temps, mais il s'appaisa, jusqu'à la mort de Sabattier, qu'elle prit le dueil. »

Cette Anne-Ursule de Cossé épousa ensuite Charles de la Porte, marquis de Vezins, puis Henri-Marc-Antoine le Petit, de Verno, seigneur de la Chausseraye, et mourut le 20 octobre 1687.

*

[24] Voici ce que Moréri dit de cette prétention: « Rouillard la faisoit descendre ridiculement de Cocceius Nerva; et quelques autres ont cru, avec aussi peu de fondement, qu'elle venoit des Cossa de Naples, quoiqu'apparemment cette

famille soit venue de cet État. Cossé est une terre dans le Maine, près de Sainte-Susanne, qui a donné le nom aux seigneurs de Cossé. »

*

²³ Dans les commentaires de son édition de Tallemant des Réaux, M. Paulin Paris cite un couplet du chevalier de Rivière, qui est d'accord avec notre auteur :

> Sabattier, nous dit-on, se vante
> D'avoir, dessous son bonnet vert,
> Bien finement mis à couuert
> Plus de vingt mille escus de rente
> Pour la maison Sabateius,
> Mot latin comme Cocceius.

FIN DES NOTES.

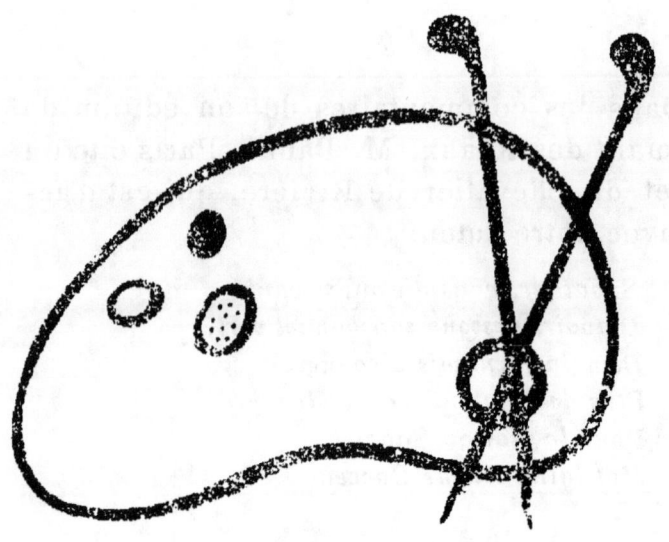

Original en couleur

NF Z 43-120-8

www.ingramcontent.com/pod-product-compliance
Lightning Source LLC
LaVergne TN
LVHW022145080426
835511LV00008B/1277